2

pit vogt
CAN WE TALK
texte

Design & Layout: Pit Vogt

Impressum

Herstellung und Verlag:
BoD - Books on Demand, Norderstedt
ISBN 978-3-7431-6551-9

© 2017

INHALT

7	Und sie schreiben …
9	Todesnachricht
11	Schwule Sau
13	Eine Angestellte
15	Friedensballade
19	Ende
21	Am Berg
24	November
25	Ein Schauspieler
27	An Gott
28	Besuch im Herbst
31	Mein Weg
33	Die Fee
34	Am Meer
36	Weihnachtsgeschichte
40	Regenguss
41	Kalter Winter
44	Sturm
45	Der letzte Sommer
47	Erinnerungen
49	Naher Winter
50	Letzter Sommer
51	Tod
53	Der Fremde
55	Wo
57	Widersehen
59	Alter Baum
61	Träume der Erinnerung
64	Ein Clown
66	Eine Frau
68	Die Fremde
70	Gotteskind
72	Hofgang
74	Letzter Sommer
75	Letzter Sommer

INHALT

76	Eine Mutter
79	Die Herde
81	Ein Taxifahrer
85	Die Abhängige
87	Der Autist
90	See der Tränen
92	Soldaten-Sang
95	Am Deich
96	Watt
98	Kraniche
100	Späte Heimkehr
102	Der Seemann
104	Blicke
105	Frau Holle
109	Neumond
111	Ohne Worte
113	Drei Jahre
115	Der Trinker
118	Das Kaff

Und sie schreiben …

Und sie schreiben immer weiter
Immerzu nur Schund und Dreck
Nein, sie werden nicht gescheiter
Diese Affen, diese Leiber
Und sie werfen *Wahrheit* weg

Und sie fühlen sich so sicher
Denn man stopft sie voll mit Geld
Nichts kommt mehr in trockne Tücher
Und man leugnet alle Bücher
Und man leugnet diese Welt

Dummheit zieht durch alle Straßen
Hass und Missgunst überall
Wenn der Pöbel schreit durch Gassen
Schweigt man still
Man will es lassen
Wann kommt wohl der große Knall?

Untern Teppich kehrt man alles
Weg ist weg – so sieht man´s nicht
Und im Fall des schlimmsten Falles
Leugnet man ganz schnell mal alles
Knipst man ganz schnell aus das Licht

Zu viel Dreck bringt doch nur Schaden
Darum schreibt man alles „schön"
All die Ketzer soll man jagen
Wie so manchen Satansbraten
Denn man will sie nicht verstehn

Hinter mancher Tüllgardine
Schimpft man heftig, hat man Wut
Doch man scheut dort jede Bühne
Hetzt behänd ins Blaue, Grüne
Bis es schäumt, manch Drogenblut

Doch das Volk geht auf die Straße
Überall, weil's Frieden will
Fort mit allem blinden Hasse
Diesem falschen dummen Spaße
Wahrheit ist des Menschen Ziel

Todesnachricht

Still steht die Zeit
Die Zeit steht still
Bei dem, was man nicht hören will
Die Sonne scheint und scheint doch nicht
Ein Blitz zuckt scharf in das Gesicht

Die Todesnachricht trifft so schwer
Wo kommt nur all die Trauer her?
Warum geht's plötzlich her und hin
Wo ist die Hoffnung?
Wo der Sinn?

Dann sitzt man da, man weint noch nicht
Man starrt ins dunkle Deckenlicht
Kein Wort fällt mehr – es knackt nur leis
Man weiß nicht mehr, was man doch weiß

Die Lähmung löst sich nimmermehr
Die Zimmer sind so leer, so leer
Man sucht nach irgendwas im Raum
Man weiß nichts mehr
Man glaubt es kaum

Soll man sich jetzt erinnern, ja?
Soll man dran denken, was geschah?
Wo ist's passiert?
Warum so schnell?
Im Kopf ist's dunkel, nicht mehr hell!

Nein, eine Antwort gibt es nicht
Man starrt ins dunkle Deckenlicht
Es rinnen Tränen irgendwann
Man schaut im Spiegel sich lang an

Verdammt, das geht nicht wieder weg
Bleibt ganz tief drin – ein schwarzer Fleck
Das Leben geht nun andersrum
Es fragt dich nicht – bleibt hart und stumm

Da hat man so viel schon geplant
Hat viel gekämpft, hat abgesahnt
So sollt es immer weiter gehn
Jedoch ganz plötzlich bleibt es stehn

Still steht die Zeit
Die Zeit steht still
Still steht das Herz
Und das Gefühl
Wird es wohl weitergehen mal?
Man weiß es nicht
Man spürt nur Qual

Schwule Sau

Vorm Spiegel dreht er sich nochmal
Es sitzt das Kleid, der rosa Schal
In dieser Welt aus
Ignoranz
Stimmt er sich ein
In bunter Trance

Hier in der kleinen Spießerstadt
Wo jeder keinen Namen hat
Lebt heimlich jeder
Seinen Traum
Ein schwules Leben gibt's hier kaum

Im Keller-Club *„Zur Transen-Nacht"*
Ist's ganz egal, was jeder macht
So mancher Mann liebt einen Mann
Und manche Frau 'ne Frau sodann

Hier tobt sich alles Schwule aus
Hier gibt es keine graue Maus
Hier ist er eine schöne Frau
Hier ist er keine schwule Sau

Mit Alkohol und manchem Kick
Fühlt er sich toll
Fühlt er sich chic
In dunklen Ecken liebt man sich
Die Bürger findens widerlich

Dann, wenn die Nacht vorübergeht
Ist aus, was hier kein Mensch versteht
Er zieht sich um und weiß genau
Als Mann wird er
Zur schwulen Sau

Eine Angestellte

Es war ein Morgen, irgendwann
Der Kaffee schmeckte schlecht, so schlecht
Noch schnell ein Küsschen für den Mann
An diesem Morgen, irgendwann
Sie macht' es allen immer recht

An jenem Tag, als Regen fiel,
war's trübe noch und seltsam lau
Ihr Job war hart, kein leichtes Spiel
Der Tag war grau und Regen fiel
Sie war 'ne starke schwache Frau

Sie sah das Elend *vis-à-vis*
Und mancher Fall wog tonnenschwer
Sie hielt es durch, wohl irgendwie
Sie sah manch Trauer *vis-à-vis*
Doch auch sie selbst schien müd und leer

Vorm Spiegel in der Pause dann,
da sah sie sich und weinte leis
Ein Handyklingeln, wohl der Mann
Vorm Spiegel jetzt, minutenlang
Und irgendwo zerschmolz das Eis

Was, wenn sie einfach wortlos ging
Dorthin, wo alles Glück vielleicht
Dorthin, wo aller Segen hing
Wer fragt, wenn sie jetzt einfach ging
Ob's für das Leben dann noch reicht

Sie schloss die Augen, hielt sich fest
Und wankte hin und wieder her
Was, wenn man sich mal treiben lässt
Sie hielt am Waschbecken sich fest
Im Leben geht so manches quer

Was für ein schöner ferner Traum
Sie wischte sich die Tränen fort
Mit Seife und mit reichlich Schaum
wusch sie sich ab, den großen Traum
Man rief nach ihr, mit lautem Wort

Und lächelnd lief sie schnell zurück
Ein neuer Kunde wollte Rat!
Wo liegt des Lebens größtes Glück
Sie lief nur ins Büro zurück
Und tat, was sie sonst immer tat

Sie sagte ja, sie sagte nein
Der Arbeitstag ging schnell vorbei
So sollte es wohl immer sein
Ein Leben zwischen *Ja* und *Nein*
Ihr Mann kam heim
So gegen 3

Friedensballade

Und als der Hass noch größer wurde,
da zog man wieder in den Krieg
Rot färbte sich die Erd´ vom Blute
Doch nie erreichte man den Sieg

Und auf dem Schlachtfeld, Aug in Auge,
dort wollte man den letzten Schlag
Es waren Menschen, so vertraute
Es schien der letzte Lebenstag

Und als man schrie: „Auf, auf, zum Kampfe!",
war dort und da man wie erstarrt
Ein Schrei, erstickt im Todeskampfe,
weil keiner es zu glauben wagt

Wo sonst erbleicht die toten Körper,
da stand ein Kind so lieb und zart
Ein Mensch, so klein, ein unversehrter,
zwischen den Lanzen, spitz und hart

Wenn jetzt, oh Gott, ein Schuss ertönte
Warum, du Kind, stehst du im Weg?
Doch still bliebs nur und keiner stöhnte
Das Kind sang leis ein Weihnachtslied

Da sanken nieder die Gewehre
Das Kind, es sang so lieblich fein
Und leis, ganz leis, durchs ganze Heere,
erhob sich jenes Liedelein

Wo blieb der Hass, wo all das Böse?
Das Schlachtfeld war kein Schlachtfeld mehr!
Ein Liedchen, ach, kein Kriegsgetöse
Wo kam nur all der Frieden her?

Schon bald lag man sich in den Armen
Es flossen Tränen ohne Zahl
All die, die her zum Sterben kamen,
sie ließen ab von aller Qual

Und als die Feinde Freunde wurden,
da ward das Kind nicht mehr zu sehn
Man hat gesucht es Stund um Stunden
Nur blieb dies Weihnachtslied bestehn

Es zog hinauf bis in den Himmel
Bis weit in die Unendlichkeit
Und lautlos ritt auf prächtgem Schimmel
ein Kind fern in die Dunkelheit

Und als es Heiligabend tönte
vom Kirchturm in der Heimatstadt,
da kehrten heim die vielen Söhne
Die Mütter, ach, vom Schmerz so matt

Hört drum auf alle Erdenkinder
Denn hier, nur hier lebt unsre Welt!
Schon einmal war so kalt der Winter,
war jene Menschheit fast zerschellt

Jetzt ist die Zeit der Friedenslieder
Die Kinder kennen jenen Text
Wie auch die Alten, heut und wieder,
ist man so tief und schwer verletzt

Ein letzter Krieg, ade Ihr Menschen!
Habt Ihr vergessen viel zu schnell?
Ihr wolltet doch fürs Leben kämpfen!
So viel verblüht, wenn´s nicht mehr hell

Nun ist der Tages-Tag gekommen
Wo geht es lang, bleibt uns die Angst?
Der Frieden wird sich immer lohnen,
weil *du* als Mensch von Gott abstammst

Gott wird uns auch den Krieg vergeben
Vor ihm sind Freund und Feinde gleich
Er ist der Tod, er ist das Leben
Als Bettler arm, als Herrscher reich

Doch, wenn wir ihn erkennen wollen,
in fernster Zeit, Unendlichkeit,
so müssen wir die Kinder holen
Ein Kinderlachen gegen Leid

Es geht nicht nur um Krieg und Frieden
Es geht nicht nur um diese Welt
Wir müssen lernen, neu zu lieben
Weil Liebe nur den Mensch erhält

So lernt auf *ewig* all die Lieder
So lobt der Weihnacht heiliges Licht
Und wo man Krieg will, jetzt und wieder,
hat jedes Kinderlied Gewicht!

Ende

Er ging den weiten Weg hinaus
Es war ein neblig, trüber Tag
Der Morgen sah wie jeder aus
Da ging er fort von seinem Haus
Sein Blick, so starr und ohne Frag

Ein Regenschauer zog ins Land
Hier draußen, wo sonst keiner lebt
Er hat die Fotos längst verbrannt
Nur Einsamkeit lag überm Land
Für seinen Traum war´s längst zu spät

Sein Leben ließ er weit zurück
In diesem Haus, am stillen Wald
Er suchte nicht mehr nach dem Glück
Und ließ die Hoffnung weit zurück
Und war erst fünfzig Jahre alt

Vor vierzehn Tagen war´s genau,
als er hier seinen Sohn verlor
Und wenig später starb die Frau
Es war wohl hier … ja, ja, genau,
als seine Seele starb, erfror

Bis dahin schien das Leben gut
Karriere, Geld, ein Haus, ein Boot
Doch irgendwann verlosch die Glut
Mit der Familie liefs nicht gut
Und plötzlich waren alle tot

Er setzte sich auf einen Stein,
hier draußen, auf dem weiten Feld
Warum nur musste das so sein?
Am Schluss ein Kilometerstein!
Am Ende hilft nicht Gut, nicht Geld!

Noch einmal raffte er sich auf
Noch zwei, drei Schritt, irgendwohin
Was für ein allerletzter Lauf!
Warum rafft man sich immer auf?
Und wo liegt aller Lebenssinn?

Es wurde Nacht und er blieb stehn
Ein Blitzschlag nahm ihn mit sich fort
Er konnte nicht mehr weiter gehn
Er blieb nur einfach wortlos stehn
An diesem trüben schlimmen Ort

Geblieben ist ein Häuflein Staub,
das trieb in die Unendlichkeit
Ein Blitzschlag traf, es war nicht laut
Von manchem Leben bleibt nur Staub
in einer schwarzen Dunkelheit

Sein Haus ist fort, es steht nicht mehr
Man riss es ab vor kurzer Zeit
Nur triste Steine wiegen schwer
Sein Haus, sein Leben gibt's nicht mehr
Was ist´s, dass nach uns übrigbleibt?

Am Berg

Verrückte Stadt
Verhallt mein Schrei nach Liebe
Die Menschen hier, die geben mir nichts mehr
Ich zieh davon
in aller Herrgottsfrühe
zum fernen Ort
Der Abschied fällt nicht schwer

Am schroffen Berg,
ein Schneesturm schlägt ins Auge,
bau ich ein Zelt
Ein Bär streicht nah vorbei
Ich atme tief
Wohin ich immer schaue,
wacht Einsamkeit
Sie ist mir einerlei

Die Nacht beginnt
und Kälte zieht ins Herze
Und Sehnsucht sinnt
nach einem andern DU
Ich ess mein Brot
Mich wärmt nur eine Kerze
Doch irgendwie
komm ich wohl nicht zur Ruh

Mein Licht verlischt
Die Müdigkeit erdrückt mich
an jenem Berg
Der Sturm zog lang vorbei
Gedankenflug
Der Mond scheint unerbittlich
ins Zelt hinein
und leckt die Seele frei

Aus meinem Traum
entsteigt ein fremdes Wesen
So wunderschön
Und mir wird's langsam warm
Mir ist's,
als sei es immer hier gewesen
Ich spüre Glück
Vorbei der alte Gram

Doch bleibt nur kurz
dies sagenhafte Wunder
Es flieht die Nacht
Und fliehen will mein Traum
Er schien so nah
Nie war ein Märchen bunter
Doch blieb in meiner Seel
am Ende doch nur Schaum

Ein neuer Tag
holt mich aus meinem Schlummer
Der Berg ruht stumm
Ich kriech aus meinem Zelt
Die Einsamkeit bringt
Trauer, Tränen, Kummer
Und ich brech auf,
zieh wieder in die Welt

Verweht die Nacht,
zerfallen mit den Träumen
Jenseits Bergs
erkenn ich plötzlich Dich
Und meine Spur verweht
schon zwischen kahlen Bäumen
Dort hinterm Berg,
da küss ich Dein Gesicht

November

Der Sturm treibt Regen übers weite Land
Es ist November und der Winter naht
Ich steh vorm Spiegel
Und ich hab mich nicht erkannt
Es zieht November durch dies viel zu kalte Land
Und in jene viel zu große Stadt

Ein Alb erscheint mir in den dunklen Nächten
Es ist November und ich bin allein
Ich träum mein Leben
Und ich hab wohl nichts vollbracht?
Es zieht November durch die viel zu kalte Nacht
Wollt doch nur einfach wieder glücklich sein

Der Morgen bringt mir eine neue Zeit
Es ist November und mich zieht es fort
Ich pack die Koffer
Und ich fühl mich nicht befreit
Es zieht November durch die viel zu kalte Zeit
Und es fällt kein einzig kluges Wort

Der Sturm treibt wieder mich nach Haus zurück
Es ist November, und noch nichts zu spät!
Ich seh die Heimat
Und ich spüre plötzlich Glück
Es brachte der November
mich nach Haus zurück
Dorthin, wo man mich immer noch versteht

Ein Schauspieler

Er hatte einfach nur gelacht
Der Schauspieler im letzten Akt
Er sah uns an und hat gelacht
Woran nur hatte er gedacht?
Der Schauspieler im letzten Akt

Er spielte so unsagbar gut
Der Schauspieler gab alles hin
Er weinte auch und zeigte Wut
Ging es ihm wirklich immer gut?
Der Schauspieler gab sich nur hin

Am Ende ging der Vorhang zu
Der Schauspieler schminkte sich ab
Er wollte jetzt nur seine Ruh
Der Vorhang ging für heute zu
Es war ein wirklich guter Tag

Dann ging er heim, tief in der Nacht
Die Frau, die Kinder schliefen schon
Ein Kuss für alle, nur ganz sacht
Denn es war still und es war Nacht,
fernab vom Bühnenmikrofon

Und als er träumte, selbst sich sah,
da spürte er auch Einsamkeit
Wer er im Spiel auch immer war,
er blieb allein dort, unnahbar
Und Frau und Leben schienen weit

Er brauchte den Theaterschein
Die Kinder hatten ihn vermisst
Er wollte jemand anders sein
Ein Leben zwischen Schein und Sein
Er hat die Frau nur sacht´ geküsst

Am nächsten Morgen gegen Acht
ging er zur Probe für sein Stück
Er hat „*Adieu*" nur leis gesagt
Ging ins Theater gegen Acht
Denn dort, nur dort fand er sein Glück

Er hatte wieder gut gespielt
Der Schauspieler im letzten Akt
Ob er sich wirklich wohl gefühlt?
Wer weiß das schon?
Er hat gespielt!
Ein Schauspieler im letzten Akt

An Gott

Sag mir, warum hilfst Du nicht?
Lieber Gott im Himmelzelt
Schau mir doch mal ins Gesicht
Sag, warum hilfst Du mir nicht?
Es ist kalt auf Deiner Welt

Sag mir, warum sprichst Du nicht?
Lieber Gott, dort, irgendwo
Spende doch mal Trost und Licht
Sag, warum nur sprichst Du nicht?
Bin so einsam und nicht froh

Sag mir, warum bleibst Du fort?
Lieber Gott, Du großer Mann
Hörst Du nicht mein fragend´ Wort?
Sag, warum nur bleibst Du fort?
Ich zerbreche irgendwann!

Sag mir, gibt's Dich überhaupt?
Lieber Gott! Bist Du Prophet?
Bist Du leise oder laut?
Scheinst doch irgendwie vertraut
Kennst Du meinen rechten Weg?

Sag mir, wann kommt meine Zeit?
Lieber Gott, Du bist so fern
Überall scheint Dunkelheit
Sag, wann kommt mal meine Zeit?
Plötzlich strahlt ein heller Stern!

Besuch im Herbst

Wenn der Oktober geht, dann hab ich Sehnsucht
Sehnsucht nach der Heimat
Die viel zu weit entfernt vom Jetzt
Und fern von allem Treiben liegt
Dann geh ich durch die Straßen dieser Stadt,
die ich so lange nicht gesehen hab
Und die Menschen schauen mich an
Wer ist der Mann?
Und ich schau in die zahllosen Gesichter
Wer ist der Mann?
Und jede Straße scheint mir so vertraut
Mir scheint, ich war nie fort
Ich wünscht es manchmal so
Und muss doch wieder gehn
Und der kühle Herbstwind
zieht durch meine Seele
Plötzlich seh ich ein Kind in einer Seitenstraße
Es lacht mich an
Auch ich hab hier gelacht, gespielt, geweint
Damals
In der Dämmerung gehe ich die alten Wege
Ich kenn sie noch
Vor der alten Schule
wieder diese merkwürdige Angst, wie damals
Ein kleines, wackliges Gebäude, jetzt
Ich schau mich um,
suche nach vertrauten Gesichtern
Da sind so viele Jahre zwischen uns
Du jetzt so kleine Welt, die ich so liebte
Hasste, brauchte

Ich war doch glücklich einst in deinen Armen
Erinnerungen sind ganz nah
Der kindlich schöne Weihnachtsglanz
Und Mutter versteckte die Geschenke
Wir hatten noch echte Kerzen am Baum
Noch heute lieb ich meinen Weihnachtsbaum
Träum oft von ihm und wünscht, er wär bei mir
Und wünscht, er sollt mir helfen
durch all die schwere Zeit
Oh Heimatstadt, vertraute Kirche
Dort sangen wir die Weihnachtslieder
So unbeschwert
Und jenen längst vergangenen Tag
Ich spür ihn noch, er ist so nah
Alles ist so nah hier in meiner Stadt
Und ich bin doch so fremd
Ich schließe den Kragen von meinem Hemd
Und auch vom Mantel, der mich wärmt
Trotzdem ist mir kalt
In meiner Stadt, ich bin hier fremd, jetzt
Und muss nun fort
Ade du Zauberwald, du märchenhafter Ort
Geschichtsbuch meiner Seele
Ein heißer Tee für meine rau geweinte Kehle
an jener Bude dort im Park
Die Dämmerung verklärt den Blick,
verklärt die alte Stadt
Könnt ich hier noch mal sein?
Für ein paar Stunden war ich wieder klein!
Ein leiser Regen fällt und Schnee
Ob ich dich wohl nochmal wiederseh?

Du, meine kleine Heimatstadt
Mein Auto braust davon!
Braust in eine andre Welt!
Die Kindheit, sie entschwindet!
Und alle Freuden und Ängste von damals
zerfließen in der schwarzen Nacht
Und schnell verschwinden die wenigen
Lichtpunkte im Nirgendwo
Bald bin ich weit entfernt von jener Stadt,
die niemand kennt und niemand findet
Wo keiner etwas von mir weiß
Mir bleibt nur eine kleine Ausfahrt
an der Autobahn

Mein Weg

Irgendwo auf meinem Weg
frag ich mich, wo steh ich jetzt?
Weiß nicht, wies wohl weitergeht
Irgendwo auf meinem Weg
Halt ich durch? Bin ich verletzt?

Seh die Kind- und Jugendzeit
Mann, war ich da dumm und schwach
Dann die Lehre, manches Leid
Bis zum Mann unendlich weit
Sturheit brachte Streit und Krach

Viele Pleiten, Tränen auch
Alkohol und Einsamkeit
Manchmal stand ich auf dem Schlauch
Hass und Liebe, ja, das auch
Trotz vielleicht? Besessenheit?

Auf der Jagd, und selbst doch Ziel
Blind vor Eifersucht und Hass
Manchmal war's ein großes Spiel
Schoss daneben, nicht ins Ziel
Fand nicht immer meinen Spaß

Mal ging's runter, mal ging's rauf
Berg- und Tal-Bahn immerfort!
Nie gab ich die Träume auf
Runter ging's und auch bergauf
Meine Seel kein kluger Ort!

So wird's immer weiter gehn
Bin ein Clown, der niemals ruht
Irgendwann die Welt verstehn
Und die Zeit, sie wird vergehn
Niemals stockt mein wildes Blut

Irgendwo auf meinem Weg
Frag ich mich: wo geht's noch hin?
Weiß nur, dass es weitergeht
Irgendwie auf meinem Weg
Auf der Suche nach dem Sinn

Die Fee

Von fern spielt eine Melodie
Und irgendwo, da sah ich sie
Ein Zauber drang ins Herze mir
Am Weihnachtsabend, gegen Vier

Vom Schnee verweht ihr Angesicht
Sie tanzte leicht im Kerzenlicht
Ihr weißes Kleid, ein Sternenmeer
Und Glück und Friede um uns her

So leicht erschien mir da die Welt
Ganz ohne Leid und Hass und Geld
Ihr Lächeln schien fern aller Zeit
Mein Aug von Tränen längt befreit

Sie flog davon, sie blieb nicht hier
Am Weihnachtsabend, gegen Vier
So etwas Schönes sah ich nie
Mir blieb die ferne Melodie

Am Meer

Der Abend kommt, mich zieht´s ans Meer
Ich sehn mir alles Schöne her
Hier kann ich vieles klarer sehn
Und weiß, das Meer wird mich verstehn

So viele Dinge tun sich auf
an diesem Strand, ich nehms in Kauf
Hier wo die Sonne untergeht,
Hier, wo ein raues Lüftchen weht

Dann träum ich mir die Sorgen fort
An diesem magisch, guten Ort
Ich fühl mich nicht mehr so allein
Am Meer möcht ich wohl immer sein

Ganz sicher war´s nicht immer leicht,
Oft hat es nicht ganz ausgereicht
Dann stand ich trotzdem wieder auf
und sah nach vorn und pfiff darauf

Mit meinem Stolz und festem Blick
stemm ich mich gegen Ungeschick
Und lass das Böse hinter mir
Ich hab noch meinen Traum in mir

Ganz tief im Herz ein Feuer brennt
Es ist so stark und mir nicht fremd
Es ist ein Lied und ein Gedicht
Es spendet Leben mir und Licht

Und meine Tränen, die so heiß
Ja selbst mein Lachen, laut und leis
Die Liebe auch zum Heimathaus
All das bin ich, das macht mich aus

Ich weiß, in mir steckt so viel Kraft
Im Leben hab ich viel geschafft
Dies Auf- und Ab hat mich geprägt,
Und neue Zuversicht gesät

Ja, viele Jahre sind vorbei
Bin nicht mehr jung, doch einerlei!
Die Hoffnung treibt mich durch die Zeit,
vorbei an Tränen, Frust und Leid

Nun ist es Nacht, ich bin noch hier
Ich brauche Dich, Du kluges Meer!
Ich sitz am Strand und hör dir zu
Und träum mit dir, genieß die Ruh

Weihnachtsgeschichte

Ein Weihnachtsabend gegen 3
Das junge Paar sitzt unterm Baum
Ein kleines Kind ist auch dabei
Es ist an Weihnacht gegen 3
Was für ein schöner Weihnachtstraum

Gleich gibt's Geschenke reichlich, satt
Das Kind, gespannt, ist voll von Glück
Der Weihnachtsmann kommt in die Stadt
Und bringt Geschenke, reichlich, satt
Und Papa kennt den Weihnachtstrick

Er geht hinaus und lächelt leis
Und sagt noch schnell: Gleich ist's soweit
Die Spannung steigt, dem Kind wird's heiß
Der Papa lächelt nur ganz leis
Und so vergeht die Stund, die Zeit

Die Mutter nimmt das Kind zu sich
Und streichelt sacht ihm übers Haar
Wo bleibt der Papa, fragt sie sich
Und nimmt das Kind ganz sacht zu sich
Der Weihnachtsmann ist noch nicht da

Der Abend geht, längst schläft das Kind
Es hat nach Papa kurz gefragt
Vorm Hause streicht ein eisig' Wind
Die Mutter bracht ins Bett das Kind
Und hofft am Fenster voller Klag

Wo bleibt der Papa, wo der Mann?
Warum in dieser Weihnachtsnacht?
Lang schaut im Spiegel sie sich an
Wo bleibt nur unser Weihnachtsmann?
Hat der sich aus dem Staub gemacht?

Am nächsten Morgen klingelts früh
Zwei Polizisten stehn vorm Haus
Sie stelln sich vor und fragen sie
Für manche Nachricht ist's zu früh!
So sieht kein Weihnachtsmorgen aus!

Man fand den Wagen irgendwo,
zerschellt an einer Häuserwand
Da war das Glatteis, einfach so,
in einer Straße, irgendwo
Den Toten man erst morgens fand

Die Polizisten gehen schnell
nach Haus, wo Weihnachtsmusik singt
An jenem Morgen wird's nicht hell
Und mancher Tod kommt eben schnell
Manch Papa nie Geschenke bringt

Das Kind erwacht so gegen 10
Fragt wohl nach seinem Papa bald
Die Mutter bleibt im Zimmer stehn
Es ist an Weihnacht, früh um 10
Und in der Wohnung ist's so kalt

Sie nimmt das Kind in ihren Arm
Und drückt es fest ans Mutterherz
Wolln wir zum Weihnachtsmann jetzt fahrn?
Sie hält das Kind ganz fest im Arm
Und schluckt hinunter ihren Schmerz

Und alle Fragen bleiben fort
Es gibt auch keine Fragen mehr
Wo gestern noch ein schöner Ort,
bleibt aller Weihnachtszauber fort
Der Weihnachtsmann kommt nimmermehr

Sie steigt ins Auto mit dem Kind
Komm lass nach Papa uns jetzt schaun!
Es weht nur eisig kalt ein Wind
Sie fährt davon mit ihrem Kind
Auch draußen steht manch Weihnachtsbaum

Man sieht sie rasen übers Land
Es fällt der Schnee so weiß und dicht
Sie nimmt das Kind fest an die Hand
Es ist doch Weihnachten im Land
Die nächste Kurve sieht sie nicht

Dann ward es still – kein Schnee, kein Wind
Nur einsam steht ein Weihnachtsbaum
Sie stieg ins Auto mit dem Kind
Und wollt zum Weihnachtsmann geschwind
Nur einmal noch den Weihnachtstraum

Und irgendwo zur Weihnachtszeit,
da wartet manches Kind verzückt
auf Papa mit dem Weihnachtskleid
Am Himmel hoch zur Weihnachtszeit
leuchten drei Sterne voller Glück

Regenguss

Ein Regenguss fällt in dein Leben
Ein Regen fällt in deinen Tag
Du schimpfst und fluchst und willst nicht beten
Doch irgendwann, da trifft es jeden
Und du vergehst in Leid und Klag

Ein Donnerschlag zerreißt die Seele
Ein Donnerschlag zerbricht dein Hirn
So wundgeschrien die trockne Kehle
Dass diese Zeit bloß schnell vergehe
Dass dich die Ängste nicht verwirrn

Ein Blitz zuckt grell in deine Augen
Ein Blitz verbrennt den müden Blick
Fast blind suchst du nach Gottvertrauen
Und willst den Menschen wieder glauben
Doch du bewegst dich nicht ein Stück

Kalter Winter

Der Winter ist so kalt
Ich sehne mich nach Dir
In dieser Traurigkeit
Allein
Und getrennt von Dir
Bin ich am See
Er ist so kalt
Ich fühle mich nicht wohl
Und ein heftiges Gewitter droht
Es will mich töten

Fremde Gesichter
Sie sind mir unbekannt
Doch kenn ich sie
Von irgendwoher
Schatten in der Fremde
Spuren im Schnee
Mein eigener Herzschlag
Der mich betäubt
Er lässt mich nichts mehr fühlen
Und auch nichts sehen
Bin ich gar blind?
Oder nur stumm?
Zu dumm und blöd für dieses Sein?

Blumen für die Spinner
Und keiner kann es so gut wie ich
Bin ich nicht ehrlich?
Zu Dir?
Zu mir?
Zu allen um mich herum?
Zu wem eigentlich?
Ich lüge nie, und doch immer wieder
Weil ich's nicht anders kann
Ich bin doch klug!
Oder etwa nicht?
Wenn's um mich geht,
bin ich zu doof!
Es bleiben tausend Fragen!

Du gehst mit mir ins Ungewisse
In die Stadt der Angst
Die Stadt der Fremdheit
Du gehst mit mir ins Reich des Alleinseins
Des Fluches
Und der Flucht
In ein Reich der unbezwingbaren Sucht
Doch nur in den Gedanken
Ich torkele und spür sie nicht
Die Seele
Nein, ich bin noch nicht betrunken
Und Drogen sind mir fremd
Ich werd sie niemals nehmen
Es bebt das Meer
Der Ozean
In jener Welt
Der Abgeschriebenen

Ich bin kein neuer Mensch
Ich bin schon alt
Und jung geblieben
Und doch so fern von allen Lüsten oder Trieben
Im Moment
Denn Du bist fort
Und all die Fremden um mich herum
Sind wie Gespenster
Sind ohne Namen
Und ohne Gefühle auch
Mich drängts zur Flucht
In neue Räume
In einen andern Schoß
Und dann wird auch die Sonne wieder scheinen
Denn in diesem Leben
Kann ich ändern
Und bleibe dennoch immer *ich*

Sturm

Ein Sturm dringt ein in die Gedanken
Er fegt die letzten Tränen fort
Und plötzlich brichst du alle Schranken
Du fühlst dich nicht mehr unverstanden
Brichst auf zu einem neuen Ort

Die Hoffnung birgt stets neues Leben
Geh einfach los, hör auf dein Herz
So vieles kannst du jetzt bewegen
Denn Hoffnung birgt stets neues Leben
Dein Wille treibt dich himmelwärts

Den Wind zu spüren, die Sonne sehen,
dies alles gibt es nicht für Geld
Mensch komm steh auf, du kannst verstehen
Auch du wirst bald die Sonne sehen
Und kämpfen auch für deine Welt

Ja du bist gut! Weiß um dies Wissen!
Mach deine Träume endlich wahr
Dann wird ein bessrer Tag dich grüßen
Denn du bist gut und willst es wissen!
Dein Leben wird ganz wunderbar!

Der letzte Sommer

Als hell die Sonn erstrahlte,
sah sie ins Himmelblau
Der Tag ihr Lächeln malte
in jener Sonn, die strahlte
Die schöne starke Frau

Mit Schmerzen, kaum erträglich,
ging täglich sie hinaus
Der Sommer war so herrlich
Die Schmerzen unerträglich
So einsam lag ihr Haus

Am See unter den Bäumen
war sie so oft und gern
Sie gab sich hin den Träumen
am See, unter den Bäumen,
bis abends kam manch Stern

Ein Herbst zog auf von Norden
mit Stürmen, nass und kalt
Sie ist so sanft gestorben
Es kam ein Herbst von Norden
Sie wurde nicht sehr alt

Es ist so ruhig geworden
im Haus am See, beim Wald
Und wie an jedem Morgen,
wo es so ruhig geworden,
die schönste Sonne strahlt

Von ihr ist nichts geblieben
und doch scheint sie nicht fort
Ich wollt sie ewig lieben
Doch ist mir nichts geblieben
an diesem schönen Ort

Ich seh noch heut ihr Lachen,
als Sommer war im Land
Und fahr in einem Nachen,
so fern von ihrem Lachen,
am Ufer leis entlang

Es war ihr letzter Sommer
Ob sie mich hört und sieht?
Mir scheint der ferne Donner
in jenem letzten Sommer
um Antwort fast bemüht

In Samt und auch in Seide
sang sie so gern vom Glück
So schwebt über der Heide,
in Samt und auch in Seide,
noch heut vom Lied ein Stück

Der Schnee deckt zu die Wipfel
Und kahl liegt Wies und Feld
Und übern steilen Gipfel,
fliegt Schnee über die Wipfel
Und ich zieh in die Welt

Erinnerungen

Bunte Farben in den eingeschmolzenen Träumen
meiner Kinderzeit
Ich bin an einem Punkte angekommen,
an welchem ich nicht mehr weiter weiß
Und ich suche einen Rat
in den alten Märchenbüchern
Und ich wünsch mir die Wahrheit
aus den seidenen Zaubertüchern
Und weiß doch längst-
Ich bin schon lang zu alt
für diese fernen, fernen Spiele

Teddybären mit den blauen Schleifchen
und der grüne Wasserball
Er schwimmt behänd davon
auf den Wogen meiner kalten Tränen
Ich kann ihn nicht mehr halten
Ach Teddy,
gib mir doch wie früher einen Halt
Aber er schweigt, sie ist eben vorbei,
die Zeit der Feen und der Aschenputtel
Im zerbrochenen Spiegel
wirkt mein Gesicht so müde – oder schwach
Und es wirkt blass
Und ich spür es längst
Ich bin schon lang zu alt
für diese fernen, fernen Spiele

Die alten Kinderlieder,
wo alles noch so rein und klar,
wo ich mal unbeschwert und glücklich war,
sind längst verklungen
in verklärender Unendlichkeit
Die holt mir keiner mehr zurück
Jetzt rennt man wohl nach andren Sachen
Ich habe das Verlieren nicht verlernt
Und in den feuchten Nebeln
verwunschener morgendlicher Wiesen
seh ich der Liebsten makelloses Antlitz
nimmermehr
Gewesen ist gewesen!
Und ich weiß es längst
Ich bin schon lang zu alt
für diese fernen, fernen Spiele

Naher Winter

Der Winter naht,
das Feld liegt ohne Leben
Und auch der Bach im Wald
stöhnt müde vor sich hin
Einsames Bad
Es fällt nur leis ein Regen
Ich bin halbwach
und alt
Wo ist des Lebens Sinn?

Jetzt ist es Herbst
Die Bank gähnt vor den Weiden
Zu kalter Wind
Am Haus die Einsamkeit schon lehnt
Wer jetzt nicht scherzt,
der wird nicht lange bleiben
Kein einzig´ Kind,
nicht Mensch,
wird spielen hier verschämt

Das Jahr ist um!
Mein Weg führt in die Ferne
Doch nur im Traum,
allein
Die Nächte werden lang
Der Mond bleibt stumm
Und stumm sind auch die Sterne
Es schweigt der Baum,
der Stein
Und mir wird's langsam bang

Letzter Sommer

Es war ihr letzter Sommer
Der Wind verwehte sanft ihr Haar
Der Himmel schien so endlos klar
Am Strand verlor sich bald ihr Schritt
Die Flut kam schnell und nahm sie mit
Es war ihr letzter Sommer
So schön, wie keiner war

Es war ihr letzter Sommer
Sie war so jung, sagt man, und klug
Ihr Lächeln, einst mir schon genug,
rein und sanft und tränenschwer
Doch blieb ihr Blick so starr und leer
Es war ihr letzter Sommer
Als hoch die Brandung schlug

Es war ihr letzter Sommer
Ihr Haus stand auf den Klippen hoch
Woher sie kam – sie schriebs mir noch
Wohin sie ging und was sie sucht´,
bleibt unbekannt,
bleibt ohne Sinn
Es war ihr letzter Sommer
Ich lieb sie immer noch

Tod

Die Zeit vergeht
Mich zieht es nun nach Norden
Verschwommener Mond
Die Wolke stirbt am Berg
Vom Wind verweht
Der hört nicht auf zu morden
Ein dunkler Stern
Ich bleib ein arger Zwerg

Vergangenes Glück
Zu warm ist´s nie geworden
Da starb soviel
Ein *Nachen* sank im Fluss
Einsam verrückt
Zum x-ten Mal gestorben
Hier ist´s zu kalt
Und Gott zeigt keinen Gruß

Es ist vorbei!
Mein Herz hört auf zu schlagen
Dem Tode nah
Und nimmer mehr befreit
Oh Herr, verzeih´
Verflucht an vielen Tagen
Weil ich nie sah
Mein großer Traum, zu weit

Geh heimwärts jetzt
Ein Stern wird mich begleiten
Im fernen All
Irrt manche Seel umher
Zu schlimm verletzt
Ich will mich da nicht streiten
Es bleibt ein Hall
So endlos still und leer

Du fremdes Ich
Zuviel hast Du gefordert
Im Spiegelbild
Ein abgestürzter Star
Jenseits vom Licht
Da ist kein Glück geordert
Zu dumm, zu wild
Am Ende nur ein Narr

Der Fremde

Als ich ihn sah, so grau sein Haar,
schien er mir nah, auch ohne Wort
Genau wie er auch ich mal war,
mit feinem Hemd an gutem Ort

Er ging im Anzug, sehr korrekt
Auch ich hab teuren Zwirn im Schrank
Doch hab ich Ängste mir versteckt
Doch fühl ich mich so schwach, so krank

Hab mich im Dunkel oft gesehnt
nach Ruhm, Erfolg und Glück und Sinn
Was heute keiner mehr versteht,
ich sehnte mich sehr gern dorthin

Er ging vorbei mit Stolz im Blick
Vielleicht war er ein Gotteskind?
Doch er entschwand bald, Stück um Stück,
im Menschenmeer, wo jeder blind

Als ich ihn sah, sah ich auch mich
Ein Spiegelbild, so ohnmächtig
Im Spiel des Lebens lediglich
blieb drüben *ER* und jenseits *ICH*

Einst träumte mir vom schönen Land
Vom Prinzenpaar, von Geld und Gut
Hab damals nichts von mir erkannt
Zu heiß schäumte mein krankes Blut

Der Fremde kennt mich nimmermehr
Ein Wind verweht den Straßenstaub
Vielleicht ist alles gar nicht schwer?
Ein Fremder schien mir sehr vertraut

Wo

Mein Gott, wie warn wir glücklich damals
Als ich den Sommerwind gespürt
Und als es Blasen regnete
Und ich die Braut nach Haus geführt
Und Gott uns täglich segnete
Da war mein Ich noch nicht zerstört

Mein Gott, wie warn wir jung damals
Als unser Haus aus Sand noch war
 Als keiner fragte dem Sinn
Und schien die Sonne sonnenklar
Und jeder Wunsch am Himmel hing
Wir warn die tollste Kinderschar

Mein Gott, wie warn wir dumm damals
Wie warn wir blind und frech zugleich
Als Schmutz die Seele noch nicht traf
Nur unsern Hinter, der noch weich
Und unsre Augen blickten brav
Und jeder Traum ein Silberstreif

Mein Gott, wie sind wir heute tot
In unsern Ängsten Tag und Nacht
Mit unsrer Ehrfurcht vor dem Nichts
Weh dem, wenn heut ein Kind laut lacht
Im Herz und in der Seele stichts
Hat Weisheit und all das Gebracht?

Mein Gott, wie ist dies lange her
Als wir noch nichts von Gott gewusst
Als Sehnsucht wir noch nicht gekannt
Und wir so fern von Liebeslust
Dann lieber übers Feld gerannt,
weil Mutter kam um Vier vom Bus

Mein Gott, wo ist das alles hin?
Kann Gott mir sagen, wo es ist?
Die schöne Zeit im Kinderland
Das heut mir fern, dass ich vermiss
Wo bleibt die schützend´ Mutterhand?
Und wo bist Du Gott, den ich grüß?

Wiedersehen

Nach zwanzig Jahrn sah ich sie wieder
Ich hätt sie beinah nicht erkannt
Ich sah sie an, hört' unsre Lieder
Vor zwanzig Jahrn im Wunderland

An jenem Strand, auf fernen Meeren
entbrannte unsre Liebe heiß
Spürt' ihren Blick, den sanften, leeren
Hör ihre Stimme noch ganz leis

Da war so viel, das uns verbunden
So manche Nacht, so manche Zeit
Wir hatten dort die schönsten Stunden
Erinnerungen, die so weit

Ich wollte weinen, lachen, fliehen
an jedem Tag, der neu begann
Wär auf der Insel gern geblieben
Dort, wo wir endlos glücklich warn

Aus uns sind Fremde wohl geworden
Das Meer spült die Erinnerung fort
Was ist in mir, in ihr gestorben?
Wo blieb der märchenhafte Ort?

Spürte beim Abschied ihre Lippen
Im Abendwind, dort, am Gestad
Ein Donner stieg über die Klippen
Und durch mein Herz, das längst erstarrt

Wie Eis schien mir der nächste Morgen
Saß im Hotel noch an der Bar
Im Herze noch die alten Sorgen
Mein Kopf, so schwer und nichts mehr klar

Mein Flieger ging in zwei drei Stunden
Ein letztes Mal triebs mich zum Strand
Doch hab ich sie nicht mehr gefunden
Nur ihre Spur blieb mir im Sand

Viel später, auf der langen Reise,
las ich den Brief, den sie mir gab
Ich lieb Dich noch, stand da ganz leise
Weil ich Dich nie vergessen hab

Es war vor zwanzig langen Jahren
Jetzt ist mir klar, es ist vorbei!
Dort, wo wir einstmals glücklich waren,
blieb übrig nur ein *„Einerlei"*

Alter Baum

Vorm Hause steht ein alter Baum
So weis ist er, man glaubt es kaum
Zeigt lang schon keine Früchte mehr
Und in ihm drin ist´s hohl, nicht leer

Vor hundert Jahren war hier Feld
Und wenig Menschen trug die Welt
Da hat man ihn tief eingepflanzt
So manche Nacht um ihn getanzt

Er wurde groß und größer nun
Entwuchs den engen Kinderschuhn
Und Wind und Regen peitschten ihn
Als Nistplatz prächtig, wunderschön

Die Zeit verging, Krieg zog ins Land
Im Bombenhagel fast verbrannt
Fürwahr, es brach manch starker Ast
Erhängte sind ´ne schwere Last

In jener toten Dunkelheit
vom Rauch erfüllt, fast schon entzweit,
gab er die Hoffnung niemals auf
Blieb standhaft er, und nahm´s in Kauf

Da brachen neue Zeiten an
Und frischer Wind fegte ins Land
Man gab ihm Wasser und auch Halt
Und pflanzte einen neuen Wald

Jetzt ist er alt, spürt in sich Ruh
Im Winter deckt nur Schnee ihn zu
Wie schön, dass Frieden endlich ist
Und täglich ihn die Sonne grüßt

Vorm Hause wacht ein alter Baum
So weis ist er, man glaubt es kaum
Zeigt lang schon keine Früchte mehr
Ich mag ihn gern, ich brauch ihn sehr

Träume der Erinnerung

Schön war's in der großen Stadt
Job, Familie, wunderschön
Dort wo keiner Namen hat
lebten sie in jener Stadt
So sollts immer weiter gehn

Doch seit kurzem träumte sie
von dem Ort, der endlos weit
Sah die Kirche, Wald und See
Manche Nächte träumte sie
von der fernen Seligkeit

Sie verstand die Zeichen nicht
Doch es zog sie magisch fort
Und sie sah im Traum ein Licht,
hatte Tränen im Gesicht
Wo nur lag dies Land, der Ort?

Mehr und mehr wollt sie dorthin
Alles schien ihr so bekannt
Wo nur lag des Traumes Sinn?
Warum wollte sie dorthin?
In dies wundersame Land?

Eines Tages brach sie auf
Nahm die Tasche wie in Trance
Nahm den Abschied selbst in Kauf
Schweigend brach sie einfach auf
War das ihre letzte Chance?

Auf dem Weg durch Traum und Zeit
kam nach Irland sie bei Nacht
Lang schien dieser Weg und weit
Irgendwo am Rand der Zeit
wurde sie nach Haus gebracht

In dem kleinen Dorf am Meer
sah es aus wie in dem Traum
Kirche, Wald, sie wollt hierher
In das kleine Dorf am Meer
In das Haus beim Mandelbaum

Nichts war hier wie in der Stadt
Ruhm und Reichtum gab´s hier nicht
Wichtig war nicht, was man hat
Wichtig nicht die ferne Stadt
Nur des Mondes fahles Licht

Auf dem kleinen Friedhof dort
stand sie an dem fremden Grab
Hier an diesem stillen Ort
trug sie die Erinnerung fort
Las die Inschrift, die schon matt

Da durchfuhr ein Blitz ihr Hirn
Und sie wusste es genau
Ihre Mutter lag hier drin
Ja, ihr Traum zog sie hierhin,
zu dem Grab der toten Frau

Und sie fühlte sich so gut
Goss die Blumen vor dem Stein
Hatte wieder Lebensmut
Denn sie fand ihr ´eigen Blut
Ihre Seele wurde rein

Plötzlich hörte sie von fern,
wie die Mutter leise sang:
„Ach, mein allerliebster Stern,
kamst zu mir, doch ich bin fern.
Kamst zu mir, zum weißen Strand"

Lange saß sie noch am Grab
Und sie küsste sanft den Stein
Dort, wo´s keine Zeit mehr gab,
dort an Mutters kleinem Grab,
konnt sie endlich glücklich sein

Als sie wieder heimwärts zog,
war voll Liebe sie und Kraft
Und ein Silberwölkchen flog
übers Meer, auf dem sie zog
Ja, sie hatte es geschafft!

Und daheim, dort, in der Stadt
hatte sie den Sinn erkannt
Wer im Herz sein´ Mutter hat,
braucht nicht Geld, nicht Ruhm und Stadt
Nur manch Traum und Mutters Hand

Ein Clown

In der Garderobe ganz allein
Ein Clown, schon alt und ziemlich bunt
Schaut in den Spiegel lang hinein
In der Garderobe, ganz allein
Zu seiner allerletzten Stund

Mit weiß geschminktem Angesicht
schaut er sich bitter schweigend an
Warum nur ist so hell das Licht?
So weiß und trist sein Angesicht!
Was für ein Narr! Ein alter Mann!

So viele Jahre war es so
Die Bühne und die schöne Schau
Jetzt sitzt er hier und scheint nicht froh
So viele Jahre, einfach so
Sein Haar ist dünn und auch schon grau

Die Kinder hatten ihn geliebt,
als er noch sang vom großen Glück
So manches laute Frühlingslied
sang er mit Kindern, die so lieb
Jetzt schweigt er hier im letzten Stück

Sein Leben war die Zirkusluft
Ein Anderer sein, das wollte er
Er spürt, wie etwas nach ihm ruft
So fern von aller Zirkusluft
Im Herze wards ihm ach so schwer

Er kann doch nicht so einfach gehn,
dorthin, wo er nicht spielen kann
Soll aller Spaß mit ihm verwehn?
Soll man denn wirklich wortlos gehn?
Er ist ein Clown, ein Zirkusmann!

Doch bleibt ihm keine Antwort mehr
Von fern noch hört er den Applaus
In der Garderobe ist's so leer
Hier gibt es keine Antwort mehr
Und er geht niemals mehr hinaus

Ganz dicht rutscht er zum Spiegel hin
Wo ist mein Lachen, fragt er sich
Wo ist all das, was ich noch bin?
Der Spiegel flüstert leis zu ihm:
„Du bleibst ein Clown, gar vorbildlich!"

Und lächelnd lehnt er sich zurück
Ein letztes Mal schminkt er sich ab
Es war sein allerhöchstes Glück
Zufrieden lehnt er sich zurück
Hier vor dem Spiegel ward sein Grab

Eine Frau

Mit einem Ordner in der Hand,
auf einer *Angeklagten-Bank*,
saß sie, so jung und traurig noch
Man schob sie ab ins finstre Loch

Drei Kinder waren tot, so tot
Man sah es nicht, sie war in Not
Sie hat die Leichen gut versteckt
Weil man die Toten nicht mehr weckt

Ganz still gebar sie alle drei
Und keiner sah wohl zu dabei
Ihr Mann verdiente Geld, weit fort
Er war wohl stets am fremden Ort

Die Totgeburten warn so schlimm
In keinem Kind war Leben drin
Ganz leis gebar sie alle drei
Beim Sterben war niemand dabei

Die Einsamkeit im Heimathaus
hielt sie sie so selten tapfer aus
Sie war nicht schlecht und auch nicht dumm
Und saß nie hilflos einfach rum

Sie sehnte sich nach Harmonie
Gefunden hatte sie das nie
Sie weinte auch und wurde hart
Ob manches Leben Sinn noch hat?

Acht Jahre Knast, der Richterspruch
Die enge Zelle scheint ihr Fluch
Manch Zigarettenlängen sind
vielleicht Ersatz fürs tote Kind

Dort wo kein Glück die Träume weckt
hat sie sich Tränen gut versteckt
Ein viertes Kind bekam sie dann
Es blieb bei ihrem fernen Mann

Im Fenstergitter pfeift ein Wind
Sie schaut hindurch und weint und singt
Sie war so jung und traurig noch
Und saß allein in diesem Loch

So manche Frau bekommt ein Kind,
das nicht mehr lebt und stirbt geschwind
Es bleibt ein Ordner, dort im Schrank
Und manche *Angeklagten-Bank*

Die Fremde

Mit einem Wagen, einem Pferd,
kam sie hier an und es war Nacht
Sie glaubte wohl an einen Gott
Und kam so still an jenen Ort
Und hatte auch nichts mitgebracht

Sie hatte nicht mal einen Herd
Und keiner nahm Notiz von ihr
Sie war zwar da, blieb doch allein
Sie sollte wohl so einsam sein
Und still bliebs auch vor ihrer Tür

War ihr Besuch vielleicht verkehrt?
Warum nur sprach sie niemand an?
Da hab ich Blumen ihr gebracht
Wir redeten so manche Nacht
Sie war allein und ohne Mann

Sie schien mir fröhlich, unbeschwert
und war eine Zigeunerin
Ihr Kleid gefiel den Leuten nicht
Schlecht fand man auch ihr Angesicht
In ihrer Börse war nichts drin

So Vieles hat man ihr verwehrt
Sie passte einfach nicht dazu
Die Menschen mochten sie nicht sehr
Sie kam von weit, von sehr weit her
Und hatte keine schönen Schuh

Sie hatte Gott sich zugekehrt
Und als ich eines Morgens kam,
da war sie fort und nicht mehr da
Leer lag der Platz, wo sie einst war
Vom Himmel leis der Regen rann

Mit ihrem Wagen und dem Pferd
fuhr sie davon, ganz ohne Mann
Sie liebte Blumen, die Natur
Vielleicht war sie ein wenig stur
Sie fuhr davon und kam nie an

Gotteskind

Sonne über meinen Träumen
Überall des Meeres Blau
Liebe unter Mandelbäumen
Mitten drin in besten Träumen
Nirgendwo ist's trüb und grau

Doch die Ruhe trügt behände
Dunkle Wolken ziehen auf
Irgendwas lähmt mir die Hände
All die Schönheit trügt behände
Es beginnt ein Hürdenlauf

Mir wird's heiß und kalt und bange
Schweiß perlt krank mir von der Stirn
Bin im Würgegriff der Schlange,
die umschlingt mich ziemlich lange
Und ein Blitz zuckt durch mein Hirn

Jener Blizzard wird noch kälter
Friert mich in der Hölle ein
Werd sekündlich immer älter
Unterm Eis, erstickt die Wälder
Nein, ich will kein Opfer sein!

Da, der Teufel fährt hernieder
Trifft mich in mein Herze tief
Schwefeldampf statt Duft von Flieder
Todesschreie immer wieder
Was ging da im Leben schief?

Fall hinein ins Bodenlose
Liebe Hoffnung, halt mich fest!
Ohne Hemd und ohne Hose
falle ich ins Bodenlose,
bis der Mut mich fast verlässt

Mit den allerletzten Kräften
bete ich zum Jesus auf
Und alsbald in neuen Säften
komm ich wieder neu zu Kräften
Zieh mich langsam hoch hinauf

Bis ans Licht ich wieder strebe
Bis ich spür den frischen Wind
Bis ich wieder richtig lebe,
weil ich nach den Träumen strebe
Denn ich bin ein Gotteskind!

Hofgang

Häftling Nummer Drei-Vier-Acht
zieht durch Regen und die Nacht
Zwanzig sind sie an der Zahl
Gehen durch ein tiefes Tal
Stolpern durch die dunkle Nacht

Keiner fragt sie, sie sind stumm
Laufen nur im Kreis herum
Irgendwo in einem Knast
haben sie die Zeit verpasst
Laufen nur im Kreis herum

Und der Häftling schaut sich um
Läuft nicht aufrecht, läuft so krumm
Und der Wärter schreit ihn an:
„Los geh weiter, schneller, Mann!"
Er läuft weiter, ängstlich, krumm

Dabei träumt er nur vom Glück
Von der Freiheit, nur ein Stück
Doch der Traum stirbt in der Nacht
Niemals mehr die Sonne lacht
Von der Freiheit gibt's kein Stück

Damals war's, er wurde schwach
Dachte wohl nicht lange nach
Schoss auf Menschen, zwei- dreimal
Schoss sich selbst ins Jammertal
Nein, er dachte gar nicht nach

Für Sekunden unbedacht
Für ein Leben in der Nacht
Regen im Laternenlicht
Nein, die Freiheit gibt's hier nicht
Nur die furchtbar kalte Nacht

Und er zittert und er friert,
bis man ihn zur Zelle führt
Mit fünf andern ist er dort
Nein, das ist kein schöner Ort
Wärter sind so ungerührt

So vergeht das Jahr, die Zeit
Freiheit ist unendlich weit
Häftling Nummer Drei-Vier-Acht
weiß nicht, wie die Sonne lacht
Und die Hoffnung ist so weit

Irgendein Artikel schreibt:
Häftling starb in Dunkelheit!
Wohl war's auch kein guter Mann
Ward gefunden, irgendwann
Am tristen Ende aller Zeit

Letzter Sommer

Es war der letzte Sommer
Am Fluss sang sie so gern
Ein Fisch kam da geschwommen
Und eh der Tag verronnen
Da zählte sie die Stern

Es war der letzte Sommer
Ihr Lächeln barg den Tod
Ich hab sie gern gesprochen
Es gingen Tage, Wochen
So manches Abendrot

Es war der letzte Sommer
Sie winkte mir kurz zu
Ich hör sie heut noch singen
Ihr Lied wird nie verklingen
In abendlicher Ruh

Es war ihr letzter Sommer
Und einsam ist's am Fluss
Sie ist so sanft gestorben
So ohne alle Sorgen
Für sie ein Abschiedsgruß

Letzter Sommer

Es war der letzte Sommer
So weit entfernt, am Fluss
In abendlicher Kühle
Da gab es Eis am Stiele
Es war der letzte Sommer
Es war der letzte Kuss

Es war der letzte Sommer
Der Abschied war sehr lang
So einsam wards am Flusse
Sing leise: Gott zum Gruße
Es war der letzte Sommer
Der letzte Sommerklang

Es war der letzte Sommer
Ich denk so gern zurück
Wie schön war es gewesen
Am Fluss, im Kiesel lesen
Es war der beste Sommer
Ein kleines Stückchen Glück

Eine Mutter

Die Arbeit war so hart, so schwer
Und die Familie wollte Zeit
Sie jagte hin, sie jagte her
Das Leben war entsetzlich schwer
Ihr schmerzte arg der Kopf, der Leib

Fürs Kind ein schönes Handy, neu!
Der Mann verlangte auch sein Recht!
Die Lebenszeit ging schnell vorbei
Und manches Handy blieb nicht neu
Am Abend fühlte sie sich schlecht

Sie funktionierte irgendwie
Und träumte sich in manchen Traum
Da war die ferne Melodie
Die war so schön, ja, irgendwie
Und draußen rauschte leis ein Baum

Doch dann am nächsten Morgen, ach
Da ging die Hatz von vorne los!
Sie schuftete für Kind und Dach!
Und wollte mit dem Mann kein´ Krach!
Und fragte nie: *„Was mach ich bloß?"*

Dann, eines Tages gegen *Zehn*
Ging es ihr schlecht, wie nie vorher
Da war ein Klopfen in ihr drin
Es war am Morgen gegen *Zehn*
Wo kam nur diese Schwäche her?

Sie schwankte hin, sie schwankte her
Es ward ihr übel, sie sank hin
Ein Schmerz im Kopf, es brannte sehr
Sie fiel so leicht und gar nicht schwer
War *das* vielleicht ihr Lebenssinn?

All die Gedanken flogen fort
Sie dachte an den Mann, das Kind
Mit Blaulicht und besorgtem Wort
Da brachte man sie endlich fort
Dorthin, wo alle Kranken sind

In einem weißen Zimmer dann
Erwachte sie und träumte nicht
Sie dachte an das Kind den Mann
In jenem weißen Zimmer dann
In jenem weißen kalten Licht

Ja, da begriff sie Stück für Stück
Dass ihre Hatz nichts bringen konnt
Sie lebte zwar, doch ohne Glück
Und das begriff sie Stück für Stück
Nie hatte sie sich je geschont

Da liefen Tränen ohne Zahl
Und aller Stress entlud sich arg
Vorbei die schlimme Seelenqual
Es flossen Tränen ohne Zahl
Man ist nicht immer groß und stark!

Und der Professor setzte sich
Leis an ihr Bett, nahm ihre Hand
Dann sprach er nur: „*Ganz sicherlich*
Geht's nicht so weiter, hoffentlich.
Denn Ihre Seele ist verbrannt."

Sie wusste das und schwieg – und schwieg
Die Ängste waren noch zu groß
Das Kind, der Mann, die waren lieb
Und sie lag hier und schwieg und schwieg
Und dachte nur: *Was mach ich bloß?*

Zwölf Wochen fort, im Krankenhaus
Die Kräfte kehrten bald zurück
Dann, irgendwann ging es nach Haus
Im Blickwinkel das Krankenhaus
Und der Professor wünschte Glück

Sie kündigte den alten Job
Und fand ihr Leben wieder neu
Sie fand den Weg, und sie fand Gott
Fort mit dem Stress, dem alten Job!
Mit Kind und Mann im frischen Heu!

So manche Arbeit wiegt so schwer
Blind rennt manch Mensch durch seine Zeit
Doch alle Hatz nach noch viel mehr
Die bringt das Glück nicht hin, nicht her
Nur Leere ist's, was übrigbleibt

Die Herde

Und die Herde, die zieht weiter
Starker Sturm verweht die Spur
Dieser Winter ist nicht heiter
Und die Herde zieht schon weiter
Schreie halln durch Wald und Flur

Manches Kälbchen friert, ist müde
Bleibt vielleicht schon bald zurück
Es ist kalt und es ist trübe
Doch die Herde wird nicht müde
Kämpft voran sich Stück um Stück

Wölfe harren da am Rande
Haben Hunger immerfort
Doch der Herde wird's nicht bange
Sieht die Wölfe da am Rande
Und zieht immer weiter fort

Doch der Sturm wird immer stärker
Schon bleibt manches Kalb zurück
Auch die Wölfe machen Ärger
Und der Schneesturm wird noch stärker
Bis zum See ist's noch ein Stück

Nein, die Wölfe wolln nicht jagen
Nehmen schwache Kälbchen sich
Es ist hart in diesen Tagen
Sehr viel Kraft fehlt da zum Jagen
Winterzeit ist fürchterlich

Doch die Herde zieht schon weiter
Nichts hält sie an einem Ort
Ausgemergelt ihre Leiber
Und die Tiere ziehen weiter
Und sind längst schon wieder fort

Durch den Sturm und durch die Lande
Führt ihr Weg von See zu See
Mancher Wolf wacht da am Rande
Tod, Verderben auch im Sande
Manche Spur verwischt im Schnee

Ein Taxifahrer

Es hat geregnet, stundenlang
Er sah durchs Fenster auf die Straß'
Die Nacht verging minutenlang
Und er fuhr Taxi stundenlang
Der Asphalt glänzte regennass

Manch Träume kamen in ihm hoch
Was wäre, wenn es anders wär?
Wenn er mal käm aus diesem Loch
Die Hoffnung war da immer noch
Wär dann dies Leben nicht mehr schwer?

Ganz einfach weg sein, irgendwo
Und fliehen aus dem Alltagstrott
Dorthin, wo alle Menschen froh
Ganz neu beginnen, einfach so
Sein Taxi war doch eh nur Schrott!

Die Frau, die Kinder, Spießigkeit
Und irgendwann ein kleines Haus
Und irgendwann Verdrießlichkeit
Und sterben an der Müßigkeit
Das hält doch keiner ewig aus!

Ganz leise schlich er sich davon
Hinaus, wo kühl der Regen fiel
Die Nacht empfing ihn ohne Hohn
Er sah zum Haus, zu Frau und Sohn
Die ahnten nichts von seinem Ziel

Und er fuhr los, ins ferne „Nichts"
Der Regen wusch die Straßen frei
Er schien so fern des hellen Lichts
Die Nacht schluckt alles oder nichts
Und mancher Traum bricht da entzwei

Er war gefahren stundenlang
Längst lag die Stadt schwarz hinter ihm
Die Zeit verging wohl ewig lang
Und seine Seel´ geriet in Brand
Er wollt nur fort, irgendwohin!

Am Flugplatz hielt er endlich an
Sollt er jetzt fliegen ganz weit weg?
Er war gefahren stundenlang
Und mancher Traum hält ewig an
Wirft man so schnell sein Leben weg?

Er nahm sein Geld und zählte es
Es würde reichen, einmal hin!
Da blieb nichts übrig, nicht ein Rest
Was, wenn man alles jetzt verlässt?
Sein Herz schlug schnell tief in ihm drin

Und er stieg aus, lief schnell davon,
blieb stehen, blickte kurz zurück
Sein Taxi, seine Frau, sein Sohn
Er war zu weit entfernt wohl schon
Lag vor ihm nun der Traum, sein Glück?

Da sank er nieder und er schrie!
Jedoch ansonsten blieb es still
Was sollt nur werden, was und wie?
Er war gesunken auf die Knie
Und längst verblasst sein großes Ziel

Die Hände schmutzig, auch die Knie
Ganz langsam stand er wieder auf
Warum jetzt hoffen, was und wie
Es wird schon gehen, irgendwie
Der große Traum? Er pfiff darauf!

Er setzte sich ins Auto schnell
und fuhr zurück in seine Stadt
Der Horizont ward langsam hell
Von irgendwo drang Hundgebell
Dort, wo er sein Zuhause hat

Und eh der Morgen da begann,
saß er daheim am Frühstückstisch
Die Frau starrt´ ihn sehr lange an
Hast Du geträumt, mein lieber Mann?
Er hat die Tränen schnell verwischt

Und nahm den Sohn in seinen Arm
Die Zeit verging ein kleines Stück
In seinem Herz war´s wohlig warm
Mit Frau und Sohn in seinem Arm
fand er zurück zu seinem Glück

An manchem Tag, in mancher Nacht,
da fuhr er Taxi, auch mit Spaß
Er hat sich nicht davongemacht
Und mancher Traum verging ganz sacht
Und mancher Asphalt glänzte nass

Die Abhängige

Ich treff sie dort, wo alles leer
In jener Bronx, am Rand der Zeit
Das Lachen fällt ihr schwer, so schwer
Und machen Traum, den gibt's nicht mehr
So manche Hoffnung scheint so weit

Die Spritze in der rechten Hand,
den Stoff fest in der linken Faust
Ansonsten total abgebrannt
So lehnt sie weinend an der Wand
Ein Dealer um die Ecke saust

Ich frage sie, wie's sonst noch steht
Ist sie alleine oder nicht?
Sie sagt, ihr Leben sei verdreht
Für Kind und Mann sei's längst zu spät
Nur manchmal Sex, jenseits vom Licht

Für zwanzig Dollar irgendwo
Dann reicht's auch für den nächsten Schuss
Sie meint, ihr Leben sei halt so!
Für wenig Geld ins Nirgendwo!
So sollt es sein wohl bis zum Schluss

Der Regen wäscht die Stufen ab,
auf welche sie ganz plötzlich sinkt
Ich will ihr helfen, sie winkt ab!
Am End nur ein Ruinengrab!
Hier, wo es nur nach Abfall stinkt!

Sie schließt die Augen sanft und lieb,
wie manches Kind, das schlafen will
Was für ein Schicksal sie wohl trieb
an jenen Ort, wo's ewig trüb
Sie liegt nur da und schläft ganz still

Wohl kann ich nichts mehr für sie tun
Längst ist sie fort, in ihrem Traum
So barfuß in zu engen Schuhn
sollt auf manch Stufen man nicht ruhn
Den reichen Segen gibt's hier kaum

Es ist schon Nacht, so gegen Drei,
da fahr ich ins Hotel zurück
In jener Welt, wo alles frei,
hört niemand mehr den stummen Schrei,
den Drogentod, fernab vom Glück

Da spricht ein Pfarrer im TV
Und viele andre nicken brav
Man stellt die Armen dann zur Schau
Und spricht ansonsten klug und schlau
Und legt sich dann zum süßen Schlaf

Ich sah sie dort, wo alles schwer
In jener Bronx, am Rand der Zeit
Die junge Frau gibt es nicht mehr
Sie starb ganz einsam, wortlos, leer
Und meine Hoffnung ist so weit

Der Autist

Er war noch jung, ein Junge noch
So fern, so fremd von dieser Welt
Er schien recht glücklich, immer noch
Und lebte nicht im dunklen Loch
Und war so sanft, verstand, was zählt

Oft sagte man: Der ist verrückt!
Der tickt nicht richtig irgendwo!
Manchmal schien er der Welt entrückt
Man sagte: Ach, der ist verrückt!
Der merkt doch nichts, wird niemals froh!

Doch seine Mutter liebte ihn,
auch, wenn er anders war und schwieg
Für sie war er der Lebenssinn!
Vielleicht sogar der Hauptgewinn?
Er hatte alle Menschen lieb

Denn wenn er lachte, fröhlich war,
dann schien die Welt, das Glück perfekt
Dann schien fast alles sonnenklar
Und nichts blieb mehr so wie's sonst war!
Er war doch klug und aufgeweckt!

Jedoch verging die Zeit, die Zeit
Er hat gespürt, man wollt ihn nicht
Er wusste um der Mutter Leid
Da lief er fort, so weit, so weit
Ein sanftes Lächeln im Gesicht

Der Mutter hat er nichts gesagt
Er lief und lief bis an das Meer
Nie hatte er geflucht, geklagt
Und auch der Mutter nichts gesagt
Das Meeresrauschen wog so schwer

Noch einmal schaute er sich um
Da war niemand am kahlen Strand
Er war ein Junge noch, so jung
Vielleicht verrückt, doch niemals dumm,
als er vor Gott so einsam stand

Ganz plötzlich rief jemand nach ihm
Dort draußen auf dem weiten Meer
Wer war das nur? Wo lag der Sinn?
Er lief ins Wasser einfach hin
Man sah ihn später nimmermehr

Komm heim, komm heim, du liebes Kind
Bei mir hier bist Du nie allein
Dort, wo die Kinder Engel sind,
wach ich bei Dir, mein liebes Kind
Komm lass und jetzt zusammen sein

Die Welt dort draußen war zu kalt!
Er wollte nicht mehr draußen sein!
Die Tür, die offen einen Spalt,
war plötzlich einfach zugeknallt!
In seiner Welt blieb er allein!

Er war so jung, ein Junge noch
Nur seine Spur blieb da im Sand
Und leise summt am Strand der Wind
Die Mutter weinte um ihr Kind,
denn es ergriff wohl Gottes Hand

See der Tränen

Am See der Tränen war's so schön
Ich denk so oft an dich und mich
Ich wollt ihn gerne wieder sehn,
den Tränensee, der einst so schön
Und die Erinnerung an dich

Ich fragte dich, wie es dir geht
Du sagtest nichts, bliebst einfach stehn
Warum man manches nicht versteht
Ich fragte nur, wie es dir geht
Und wollte nur mal nach dir sehn

Es geht mir gut, das riefst du laut
Es war so laut, wie sonst wohl nichts
Du hast gelacht und nur geschaut
So manches sagt man leis und laut
Und manches hält man fern des Lichts

Die Schmerzen waren stark, so stark
Du wolltest nicht, dass ich das weiß
An unserm Steg das Boot noch lag
Ich wollte rudern, du bliebst stark!
Dass uns nur ja nichts mehr entgleist!

Der See lag ruhig, es war still
Du bliebst am Ufer lange stehn
Ich wusste nicht mehr, was ich will
Und unser See blieb einsam, still
Wirst du das alles mal verstehn?

Da blieb so vieles ungesagt
Es geht mir gut, das riefst du laut
Und ich hab auch nichts mehr gefragt
An jenem wunderschönen Tag
hast du gelacht, mich angeschaut

Das Boot verschwand mit mir, mit dir
Am Ende blieb ein Sommertraum
Am See der Tränen träumten wir
Die Krankheit trennte dich von mir
Am Ufer wuchs ein Mandelbaum

So ging die Zeit, das Leben fort
Der See fror zu, dich gab's nicht mehr
Ein traurig einsam, kalter Ort
Mit unserm Boot fuhr ich weit fort
Und sehnte mich doch noch so sehr

Den See der Tränen gibt's nicht mehr
Und auch uns beide nahm die Zeit
All die Erinnerung wiegt schwer
Den See, uns beide, gibt's nicht mehr
Und ich ging fort, so weit, so weit

Soldaten-Sang

Die alte Bank am Grabeshain
versteckt lag sie, man sah sie nicht
Ein Regen fiel auf sie herein,
auf jene Bank am Grabeshain
Sie stand im Trüben, nicht im Licht

Ich setzt´ mich kurz, wollt wieder gehn,
schaut´ flüchtig nur zum Grabesstein
Ein Junge lag dort, ungesehn
ich wollt beizeiten wieder gehn,
verschnaufte auf der Bank allein

Der Junge starb vor vierzig Jahrn
Es war ein Einsatz der Armee
Ein junger Mann mit schwarzen Haarn
Ein Junge noch von achtzehn Jahrn
starb irgendwo im letzten Schnee

Als ich so saß, kam hinterm Baum
ein alter Mann hervor und schwieg
Er war so schmal, ich glaubt es kaum
Er zitterte leicht unterm Baum
und summte leis ein kleines Lied

Es war wohl ein Soldaten-Sang
Der Alte weinte manche Stroph
An jenem Ort minutenlang,
da weinten wir beim Trauer-Sang,
in diesem winzgen Grabeshof

Ich sah dem Alten ins Gesicht
und wusste plötzlich, wer es war
Der Junge war´s im Regenlicht!
Es war ganz sicher sein Gesicht!
Sein Bild am Grabstein war noch da!

So stand ich auf von meiner Bank
und schritt zu jenem Manne hin
Noch schwiegen wir sekundenlang
Wir summten den Soldaten-Sang
Was für ein sonderbarer Sinn

Als ich so war ganz nah bei ihm,
da stach mich etwas tief ins Herz!
Auf einmal hatte alles Sinn!
Die Langeweile flog dahin
An jenem Tag im Monat März

Das Lied verklang, der Regen fiel
auf jenen Grabstein und auf mich
Ich hatte Fragen, ach, so viel
Ja, oft verschwimmt das eigne Ziel
Oft schmerzt das Herz ganz fürchterlich

Der Alte lächelte mich an
und raunte dann: *„Mach´s besser Du!"*
Ich nickte schnell so dann und wann
Alsbald verschwand der alte Mann,
und nahm mit alle Grabesruh

Da stand ich unterm Blätterdach
und unterm Regen, der so stark
Ich setzt' mich wieder, dachte nach
und schaut' zum Grabstein ziemlich wach,
an dem verklärten Frühlingstag

Das Bild am Grabstein fiel herab
Ich hob es auf und sah es an,
und legts zurück aufs trübe Grab,
tief ins Geäst, wo's trocken lag,
zu jenem alten jungen Mann

Ich musste weiter in die Stadt!
Dorthin, wo alles wichtig scheint!
Wo niemand Zeit zum Fühlen hat!
Wo keiner denkt an Tod und Grab!
Wo man nur selten ehrlich weint!

Noch einmal drehte ich mich um
zum Grabeshain, zur alten Bank
Der Grabstein der so tot und krumm,
schien voller Leben jetzt, nicht stumm
Leis summt' ich den Soldaten-Sang

Am Deich

Der Wind verfängt sich in den Weiden,
zerkräuselt manchen Ufersaum
Ich möchte gehen, will nicht bleiben
So anders sind die kalten Zeiten
Auf mancher Welle wiegt nur Schaum

Der Schnee vermischt sich mit dem Regen,
verkühlt die Seele mir behänd
Ich ruf um Hilfe, will den Segen
Und will doch noch so Vieles geben
Doch hinterm Deich mein *Nachen* brennt

Noch ziehen triste dunkle Wolken,
versperren mir den rechten Weg
Ich fühl mich nicht mehr unbescholten
So vieles scheint nicht abgegolten
So manches Übel lächelt träg

Verschämt zieht Angst durch Herz und Sinne
Nichts scheint mehr richtig oder gut
Fast wie vom Biss der schwarzen Spinne
verschwimmt mein Traum in Trauer-Minne,
und lässt vom Brand mir nur die Glut

Da lichtet sich der Dunst, der Nebel!
Ein letzter Tod, ein letzter Schrei!
Hoch überm Deich schwebt leis ein Segel!
Zerbrochen endlich Hass und Säbel!
Ich atme Hoffnung, frisch und frei!

Watt

Er ging ins weite Watt hinaus
Der Mond verklärte seinen Blick
Die Nebel zogen um sein Haus
Er wollt nur in das Watt hinaus
Er war so fern, so weit vom Glück

Noch kam die Flut nicht und er lief
Schon sank er ein in den Morast
So vieles ging im Leben schief,
als niemand seinen Namen rief
Er hatte manche Chance verpasst

Die Uhr schlug Mitternacht sodann
Da gab's kein Mensch, der ihn so sah
Einst war er wohl ein froher Mann,
der mal verlor und mal gewann,
der immer zuverlässig war

Und er lief weiter, immerfort,
ins weite Watt, wo's düster ist
An jenem unheilvollen Ort,
da zog er hin, da zog er fort
Ihn hatte wohl niemand vermisst

Es schwammen Wolken vor den Mond
Ein Regen fiel und Kälte zog
Dort, wo vielleicht manch Unhold thront,
wer fragt danach, was sich noch lohnt?
So mancher schreit im Todes-Sog!

Die Einsamkeit fror übers Watt
Am Horizont das weite Meer
Er hatte alles Leben satt
Und ging hinaus ins kalte Watt
Nein, es erfreute ihn nichts mehr

Verwaschen seine Spur im Schlick
Das Wasser stieg, die Flut kam schnell
Da blieb nicht viel vom Wunsch nach Glück!
Vielleicht ein Rest der Spur im Schlick?
Und dunkel war´s, und gar nicht hell

Die Wogen schlugen laut zusamm!
Dort, wo er lief, das weite Meer
Und leis, von fern, ein Trauersang
Wohl kam er längst im Jenseits an
Sein altes Haus am Strand ist leer

Kraniche

Es ziehen Kraniche durchs Land,
bis hin zum wilden Meeresstrand
Ich schau vom Ufer in die Weite
Es ist so frisch und windig heute

Kein Mensch kann ich am Strande sehn
Will barfuß durch den Sand jetzt gehn
Ich leg mich schwerlich in den Wind
Ich wär wohl wieder gern ein Kind

Hier, wo das Meer dies Lande küsst,
hier hab ich mich, und nichts vermisst
Die Wogen schlagen rauschend hoch
Und ich bin ratlos, immer noch

Verwirrtheit dröhnt durch Herz und Sinn:
Was, wenn ich doch verloren bin?
Geht's mit dem Leben mal bergauf,
im nimmermüden Dauerlauf?

Dort in der fernen wilden Stadt,
jenseits von Träumen, niemals satt,
bleibt für manch Denken wenig Zeit
Manch Wunsch, manch Hoffnung scheint so weit

Ich bleibe stehn, ruf übers Meer:
Du, bring mir eine Lösung her!
Doch es gibt keine Antwort nicht
Das Meer nur rauscht gar ewiglich

Es wird so sein, wies immer war:
Ich sollt nur leben, gut und klar!
Stapf weiter durch den Ufer-Sand
Und es ziehn Kraniche durchs Land

Späte Heimkehr

Es steht ein Haus am Waldesrande
Und es fällt Schnee so weiß und sacht
Gar friedlich liegt dies deutsche Lande
Gar friedlich ist der Tag, die Nacht

Ihr Name ist Frau Martha Krause
Ihr Mann, der Kurt, zog in den Krieg
Nie kam er von der Front nach Hause
Und Martha hofft lang auf den Sieg

So viele Jahre sind vergangen
Der Krieg, das Sterben, alles aus
Sie hat mit Kurt sich gut verstanden
Vor vielen Jahrn in diesem Haus

Sie steht am Fenster, schaut zum Walde
Ob Kurt den Weg zum Haus noch find´?
Er wird wohl kommen, ziemlich balde
Und in den Bäumen spielt der Wind

Der Schnee türmt auf sich um das Häuschen
Und Martha wird es ziemlich flau
Vorm Ofen piepst ein kleines Mäuschen
Und draußen wird es kalt und grau

Da stapft durchs wüste Schneegestöber
Ein junger Mann bis vor das Haus
In Uniform und Stiefelleder
Schaut er wie ein Soldat wohl aus

Er starrt zum Fenster und zu Martha
Die schiebt leis die Gardine fort
Sie hat wohl Tränen unterm Haar da
Und beide sprechen nicht ein Wort

Sie nimmt die Feldpostbriefe an sich
Die von der Front ihr Kurt einst schrieb
Und fühlt sich leicht und gar nicht grantig
Und hat den Kurt noch immer lieb

Sie geht hinaus zu jenem Manne
Der küsst sie sacht auf ihre Stirn
Der Schneesturm tobt durchs deutsche Lande
Und kann doch gar nichts mehr zerstörn

Die beiden stapfen bis zum Walde
Ein Schnee-Schleier hüllt beide ein
Kurt war gekommen, ziemlich balde
Und beide wollen endlich heim

Es wacht ein Haus am Waldesrande
Ach, es fällt Schnee so weich und sacht
Und friedlich ist´s im deutschen Lande
Und Martha hat sich aufgemacht

Der Seemann

Das Schiff sank schnell
Längst war es Nacht
Die Ängste grell
Schon flottgemacht

Er sank so tief
Ins kalte Meer
Als ob er schlief
So leicht, nicht schwer

Sein Leben dort
Am Meeresgrund
Am toten Ort
Zur späten Stund

Nur Schwarz um ihn
Sein Atem stockt
Manch Träume fliehn
Total verbockt

Dreihundert Mann
Gerettet bald
Das Schiff versank
Es war schon alt

Nur einer fehlte
Irgendwo
Als man sie zählte
Einfach so

Wohl war er tot
Ertrunken schnell
In jener Nacht
Die nicht mehr hell

Nein, niemand fragte
Nach dem Mann
Er war nur fort
Trieb niemals an

Am Meeresgrund
War´s nicht mehr kalt
Er schien gesund
Erstarkt recht bald

Ein Engel kam
Und nahm ihn mit
Im Tränensang
Zum letzten Glück

Man fand den Seemann
Nimmermehr
Nicht eine Spur
Trieb von ihm her

Und als ein Schiff
Vorüberfuhr
An jenem Riff
Zur Urlaubstour

Sah man 2 Engel
Leicht, nicht schwer
Die sangen leis
Hoch überm Meer

Blicke

Blicke über Wiesen, Felder
Hoffnung schwingt in Seel und Herz
Manchmal jung und manchmal älter
Sehnsucht dringt durch dichte Wälder
Und ein Wunsch zieht himmelwärts

Wie viel kann ein Mensch ertragen?
Gibt es Trost in bittrer Stund?
Selbst das Glück an manchen Tagen;
kann man's einfach so ertragen?
Auch Gebet aus meinem Mund?

Lasst dies Leben uns erleben!
Denn es ist doch schön und gut!
Lasst uns Vieles geben, nehmen
Manche Liebe, manchen Segen
Spürt, es fließt noch, unser Blut!

Frau Holle

Ziemlich hoch im Wolkenzelte
Lebte sie für sich allein
Schaute traurig auf die Welte
Von dort oben, ihrem Zelte
Wollt so gern mal Mutter sein

Doch zu ihr, welch schlimmes Leben
Kam niemals ein netter Mann
Ach, sie wollt doch Liebe geben
Und ein Kind, ein schönes Leben
Ein Familienglück sodann

Aller Traum jedoch blieb ferne
Mann und Kind – nie kam's zu ihr
Lang schaut sie zu manchem Sterne
Alles Glück schien viel zu ferne
Keine Freude, keine Zier

Da begann sie sich zu rächen!
Holte sich, was sie gewollt!
Nutzte aller Menschen Schwächen:
Mit der Gier wollt sie sich rächen
Zauberte ein Tor aus Gold

Damit lockte sie manch Mädchen
Und versprach das große Geld
Ach, es kamen aus dem Städtchen
Viele junge, hübsche Mädchen
Durch das Tor zur Wolken-Welt

Zur Begrüßung gab es Kuchen
Daunenbettchen wunderschön
Niemals gab es Grund zum Fluchen
Herrlich schmeckten Torten, Kuchen
Nein, kein Mädel wollte gehn

Doch wenn aller Tag vergangen
Kroch empor die schwarze Nacht
Plötzlich zischten tausend Schlangen
Dort, wo längst der Tag vergangen
Hat sich Unglück breitgemacht

Da, zur Hex ward die Frau Holle!
Und ihr Wolkenhaus zerfiel!
Formte sich zur schwarzen Scholle!
Blitze zuckten um Frau Holle!
Ach, es war ein böses Spiel

Alle Mädchen, die dort oben
Längst gefangen in der Scholl
Als die Wolken fortgezogen
Warn die Mädchen nicht mehr oben
Brach entzwei dies Tor aus Gold

So verschwanden hundert Mädchen
Keiner ahnte je wohin
Traurig lag nun Welt und Städtchen
Denn es fehlten junge Mädchen
Und es fehlte Glück und Sinn

Doch ein junger Prinz vom Meere
Hörte von dem Trauersang
Und er kam ganz ohne Heere
Mit dem Boot weit übers Meere
Und er suchte tagelang

Bis er sah die dunklen Wolken
Wo Frau Holle arglos war
Mit 'nem Luftschiff unbescholten
Flog er hoch bis zu den Wolken
Und sein Sieg schien sonnenklar

Er entdeckte jene Scholle
Wo die Mädchen eingesperrt
Doch da war auch noch Frau Holle
Die verteidigte die Scholle
Ihr Gesicht von Wut verzerrt

Kraftvoll hob der Prinz den Degen
Stach in jene Wolkenpracht
Dort heraus stob wilder Regen
Alle Mädchen warn am Leben
Als die Scholle laut zerkracht

Und im Luftschiff fröhlich singend
Flog der Prinz die Mädchen heim
Ach sie tanzten lustig springend
Durch das Städtchen rufend, singend
Alle konnten glücklich sein

Und Frau Holle in der Wolke?
Die kam niemals wieder her!
Denn das Tore aus purem Golde
War nur Lüge, wie die Wolke
Die Frau Holle gibt's nicht mehr!

Neumond

Du stehst vorm Spiegel um halb Zwölf
Wirr schreist du rum: *Komm Gott und hilf*
Dein ganzes Leben – eine Qual
Und es ist Neumond wiedermal

Da drin in deinem Kopf, ganz tief
Da sitzt etwas so krumm und schief
Es macht dir Angst, es bringt sich um
Und plötzlich bist du wieder stumm

Dann sinkst du auf den Wannenrand
Dein Hirn, dein Leib – ein einzig´ Brand
Vielleicht drei Jahre noch, ein Tag
Vielleicht noch eine letzte Klag

Der Schwindel macht benommen dich
In Seel und Herz ein letzter Stich
Du krümmst vor Schmerzen dich und weinst
Und weißt, dass du so viel versäumst

Noch einmal wild im Tanz sich drehn
Das wünschst du dich, doch du bleibst stehn
In deinem Kopf das Unheil droht
Und nichts kommt mehr vom lieben Gott

Vielleicht ist´s schon der letzte Tag?
Vielleicht ist´s längst die letzte Frag?
Bist du zum Leben doch zu dumm?
Warum dies Leid, warum, warum?

Schon stockt der Atem in der Brust
Zum Sterben hast du keine Lust
Sieht so die letzte Hoffnung aus?
Bleibt da am End nur Angst und Graus?

Dein Traum verglüht im Glockenschlag
S' ist Mitternacht in Land und Stadt
Zu Ende scheint dein freier Fall
Und es ist Neumond – wiedermal

Ohne Worte

Sie steht nur da im Dämmerlicht
So große Worte macht sie nicht
Ihr Kind starb lang von fremder Hand
Und es herrscht Ruhe überm Land

Der Wind zerzaust ganz leis ihr Haar
Sie weiß genau, dass es *hier* war
Der Herbst nahm jenen Sommer mit
Und ihren Sohn
Ihr größtes Glück

Was ist das Leben jetzt noch wert?
War all das *Gestern* so verkehrt?
Sie kann nicht weinen, steht nur da
An jenem Ort
Wo's neblig war

All die Erinnerung brennt tief
Ihr ist, als ob nach ihr man rief
Auf einem kleinen Segelboot
Winkt still ein Kind im Abendrot

Der Kahn ist fort
Fort auch der Sohn
Ihr ist so kalt und schwächlich schon
Ihr Herz, die Seele – alles tot
Längst fort mit jenem Leichenboot

Der Täter lebt – er sitzt im Knast
All die Gedanken – eine Last
Tagtäglich fragt sie sich: *Warum?*
Doch Grab und Himmel bleiben stumm!

Sie steht noch da im Dämmerlicht
Nein, große Worte macht sie nicht
Ihr Kind ist tot
Durch fremde Hand
Und es ist Ruhe überm Land

Drei Jahre

Durchs Gitter dringt die kalte Nacht
Was hab´ ich denn nur falsch gemacht
Die Stunden kommen, gehen lang
Und mir wird´s schwer,
Und mir wird´s bang

Verhör in Nächten und am Tag
Ich bin nur schwach
Ich bin nicht stark
Die Stasi schnappte einfach zu
Jetzt bin ich hier
Jetzt ist nicht Ruh

Ich wollt´ nur in den Westen mal
Wollt frei sein, leben ohne Qual
Um 1970, ach
Nahm man mir alles
Familie, Dach

Das ging drei Jahre – irgendwie
Im Stasi-Knast von Nacht bis Früh
Ich wollt nur frei sein, einfach so
Im Westen leben – glücklich, froh

Man hat mich plötzlich freigekauft
Ich fühlte mich wie neu getauft
Man schob mich ab
Nach Westen schnell
Noch war es dunkel
Und nicht hell

So viele Fragen tief in mir
Und keine Antwort – jetzt und hier
Was hatte ich nur falsch gemacht?
Von Ost nach West dringt kalt die Nacht!

Der Trinker

Irgendwo in jener Stadt
Dort, wo keiner Namen hat
Lebte er wohl irgendwie
Reichtum hatte er noch nie
Lebte er so in den Tag

Eines Tages gegen 10
Blieben alle Uhren stehn
Ja, man warf ihn einfach raus
Job und Arbeit – alles aus
Plötzlich ward die Welt nicht schön

Einsam saß er nun im Dreck
Irgendwo im Straßeneck
Nur der Alkohol war da
In der kleinen Hafenbar
Soff er sich die Sorgen weg

Trank ab jetzt tagein tagaus
So sah jetzt sein Leben aus
Alles sollt im Kreis sich drehn
Er konnt selbst sich nicht verstehn
Alkohol – sein bester Schmaus

Und die Sucht hielt ihn ganz fest
Er versoff den letzten Rest
Immer öfter fiel er um
Aller Traum blieb tot und stumm
Weil die Sucht nichts leben lässt

Irgendwann im Krankenhaus
Kam er aus dem Suff mal raus
Für sechs Wochen trocken, clean
Für sechs Wochen wieder Sinn
Wieder Mensch und keine Maus

Ja, er schwor sich klipp und klar:
Nie mehr saufen, wie´s mal war!
Wieder Arbeit, Lebenssinn!
Doch der Wunsch schien schnell dahin
Und es nahte die Gefahr

Ach, er trank so viel, so viel
Ohne Halt und ohne Ziel
Bis sein Traum total zerbrach
Aus die Heimat, Haus und Dach
Und der Regen fiel und fiel

Irgendwann sah er ein Licht
Hörte, wie man zu ihm spricht:
Fürchte dich nicht, komm nur, komm
Ich bin hier und warte schon
Und er fürchtete sich nicht

Warf die Flasche weit von sich
Spürte Kraft im Angesicht
Lief und lief und war schon fort
Einsam blieb sein Heimat-Ort
Nein, die Sucht vergab ihm nicht

Irgendwo in jener Stadt
Dort, wo niemand Namen hat
Hat gelebt er irgendwann
Nein, er war kein reicher Mann
Nur vom Baum fiel leis ein Blatt

Das Kaff

Provinz-Kaff-Mief kriecht um die Ecken
Man kann sich hier nicht mehr verstecken
Der Mob regiert die ganze Stadt
Hier, wo man nichts zu leben hat

Es blutet hier in allen Gassen
Den Pöbel will man hier nicht fassen
Der Hass regiert, die Dummheit schreit
Man will nur fort von hier – recht weit

Der Suff diktiert hier beinah jeden
Dies üble Nest kann nichts mehr geben
Wer hier noch was vom Leben will
Sollt lieber schweigen – ziemlich still

Verzerrt und fahl hier die Gesichter
Das Böse löscht schnell aus die Lichter
Manch Seilschaft aus längst toter Zeit
Bringt diesem Nest nur Frust und Leid

Der Ort pulsiert im Drogenrausche
Den Schnee bekommt man hier zum Tausche
Wenn alle dicht sind, satt und voll
Grölt aller Mob und fühlt sich toll

Ist primitiv man, kriminell
Kommt man klar hier ziemlich schnell
Denn Bildung, Wissen, Ehrlichkeit
Bringt hier die Leute nicht sehr weit

Doch irgendwann geht's hier zu Ende
Dann stürzen ein die düstern Wände
Dann blutet aus die triste Gegend
Wer kann, rennt weg
Wenn´s geht noch lebend

120